세상을 노래하는 마음으로

세상을 노래하는 마음으로

김동훈 시집

바른북스

기쁨, 슬픔, 희망, 좌절, 그리고 때로는 절망까지….

우리의 삶은 수많은 감정과 순간들로 이루어져 있습니다.

저 역시 이 시집을 읽는 여러분과 다르지 않은 한 사람으로서, 힘들 땐 눈물을 흘리고, 기쁠 땐 미소를 짓습니다.

이 시집에 담긴 모든 시는 그러한 제 감정의 조각들로 이루어져 있습니다.

모든 이가 이 시를 통해 위로받기를 바란다면, 어쩌면 그것은 지나친 바람일지도 모릅니다.

하지만 괜찮습니다.

단 한 사람이라도 이 시를 통해 위로받을 수 있다면,

단 한 사람의 마음에라도 닿을 수 있다면….

그것만으로도 제 삶은, 그리고 당신의 삶은

충분히 의미를 찾을 수 있으리라 믿습니다.

목
차

머리말

1부
그리움은 시작이었다
사랑, 추억, 그리고 그리움으로 시작된 감정의 노래

2부

마음에 내려앉은 그림자

상실과 고독, 침묵 속에서 만나는 내 안의 노래

3부
다시, 빛을 그리며
사색, 치유 그리고 다시 피어나는 희망의 노래

1부
그리움은 시작이었다

사랑, 추억,
그리고 그리움으로 시작된 감정의 노래

지나간 사람과 풍경, 사소한 기억들에서 시작된 감정이 문득 마음을 적십니다.
그리움과 추억 사이에서 걸음을 헤매기도 합니다.
지나간 상처가 한 음표가 되기를….
이 부에 담긴 시들은 처음 감정이 피어나던 그 시간들을 기억하며,
조용히 삶의 여백에 물듭니다.

가끔

우리의 이별은
시계 위 초침이라서
아픔으로 맴돌고
되돌리진 못해요

떠나는 그대는
새벽안개 같아서
흐릿하게 아른거릴 뿐
붙잡진 못해요

한때의 사랑은
잠깐의 소나기처럼
강렬하게 내 맘을 적시고
무지개를 남긴 채 떠납니다

그래도 가끔, 아주 가끔
무지개를 기억해 주세요
잡히지 않는 안개 대신

세상을 노래하는 마음으로

돌릴 수 없는 시간 대신

별똥별

떨어지는 별에
소원을 빌어봅니다
내 마음 그대에게 전할 수 없어
저 떨어지는 별에 담긴
내 마음이라도
그대 눈에 담길 수 있도록

세상을 노래하는 마음으로

파도

파도에 동화되는 것은
온몸으로 부딪혀
조각나는 것이
나의 삶과 닮아서입니다

파도를 피하는 것은
온몸으로 밀려와
흔적 없이 지워버리는 것이
이 세상과 닮아서입니다

그래도 파도가 그리운 것은
깨져도, 밀려나도
다시 모이는 것이
우리의 이상과 닮아서입니다

사막

흩날려 쌓여도
나는 알 수가 없다
모두 같은 녀석들뿐
그저 바람에
몸 맡기는 수밖에

누구는 높은 언덕
누구는 깊은 웅덩이
그저 시간에 몸 맡겨
이루어지는 수밖에

희미한 빗방울 떨어지면
그저 고이길 기다리는 수밖에

몸에 혹 단 낙타 하나
몸에 가시 돋친 선인장 하나

밤이 되면 오후의 더위는

세상을 노래하는 마음으로

저 낙타 타고 사라지나
별만 반짝이는 고요
모래알 하나 반짝인다

무엇이 되고 싶어 기다릴까
모래 피부 스쳐 가는
전갈 하나 바라보고
무엇이 되고 싶어 기다릴까
모래 모래 뭉치며
발걸음 덮는다

해가 뜨면 새벽의 추위는
저 별 따라 사라지나
뾰족이는 선인장 가시
더위 되어 찔러온다

흩날려 쌓이면
무엇이 되어있을까
모두 비슷한 녀석들뿐
그저 바람에
몸 맡기는 수밖에

잠들고 싶은 밤

근심, 걱정에
잠 못 이루던 밤이
엊그제 같았는데
이런 걱정들도
익숙함이 있었던가
오늘은 몸이 무겁습니다

떨리는 눈꺼풀은
세상이 매달렸는지
무겁게 가라앉고
떨리는 다리는
잊힌 걱정에 잠긴 듯
느리게만 움직입니다

언제 뜬지 모르는
저 앙상한 달은
자꾸만 기울어 가는데
불어오는 바람은

세상을 노래하는 마음으로

저 달 잡아주지 못한 채
자장가 되어 퍼집니다

나 또한 기우는 것이,
기울어 감을 보는 것이
익숙해져 버린 것인지
언제 뜰지 모르는
그 가득한 태양 잊은 채
이제는 잠들고 싶습니다

고요와 적막 속에서

사랑하는 나의 임을 그리는 밤은
고요와 적막 속에
메아리치는 발걸음처럼
희미한 달빛 아래
요란하게 울리는 것입니다

모든 마음이 돌고 돌아
이 밤의 별자리를 이루고
어둠에 잠식되어 흐르는
간절한 나의 그리움은
한밤의 그림자일 뿐

마치 이 큰 어둠이
나의 그림자인 것처럼
작은 나의 존재는
멀리 있는 그대 발치에
이 마음 닿길 원할 뿐입니다

세상을 노래하는 마음으로

한 조각 달빛이

기억 속 희미한 그대 비추길

메아리쳐 돌고 돌아

그대 발치에 닿길

이 고요와 적막 속에서

달빛

한 치 바람에 쓸려도
이렇게 아픈 밤은
아린 달이 밤하늘에
다 차지 못한 조각을 뿌려
슬픈 별들을 스치기 때문입니다

아픈 초승은 어린 달
손도 없이 감은 눈으로
아픈 이들의 마음 어루만지고
오는 아침이 미워
또, 별똥별 눈물만 흘립니다

길 위엔 달빛 한 줄기 없어
아픈 이들 제 갈 길도 모른 채
비틀비틀,
구름이 하늘 가릴 때까지
색채 없이 방황합니다

세상을 노래하는 마음으로

섧어진 바람에 날린

나뭇잎 하나가

아픈 마음 위로하듯

투-욱, 투-욱

지면으로 낙하합니다

또, 에이고 에인 구름만 줄줄 흘러갑니다

고요와 적막 속에서 2

한밤의 침묵에
빛을 내는 건
오직 별과 달뿐,
꽃과 풀도 잠이 든다

풀벌레야 울지 마라
이 밤의 달도 저리 밝은데
힘들게 잠든 이들
울며 일어난다

밤 짐승아 짖지 마라
이 밤의 공기도 이리 여린데
잠깐 눈 붙인 어머니들
붉은 눈으로 일어난다

고요와 적막 속엔
사내와
사내의 담배 연기와

세상을 노래하는 마음으로

나만 우두커니 서 있다

고요와 적막 속엔
묻지 못할 아픔과
그리움과 슬픔이
조용히 잠들었다

어둠에 쫓기는 자들

해가 뜬 대지 위에도
나의 아침 한 줄기는 없습니다

비루한 여명이 다가오면
나의 동료들은
빛에 쫓기우는 어둠처럼
그림자를 숨기웁니다

시린 바람에
운명을 다한 젊은이는
저 시린 총탄을
두려워하지 않았습니다

뜨거운 혈을
어둠이 잠식한 길 위에 뿌리우고
저들의 육체는 식어갑니다

울지도 못하는 슬픈 달이

세상을 노래하는 마음으로

무의미한 별들과 떠오르면
져버린 꽃들의 이름을
봄처럼 수놓습니다

나의 아침 한 줄기가
해가 뜬 대지 위를 비출 때까지
저는 어둠에 쫓기웁니다

멈춘 계절

이 마음에는
비도 내리지 않아
바람 한 결
머물다 갈
자리조차 없네

만조처럼 차오른
울적함이
또, 갈 곳 없어
흐르지도 못한다

비는 또 언제 내려,
바람은 또 언제 불어
나의 계절은
멈춰있는데…

파도 2

이른 새벽 어귀
해무는 짙게도 깔리었습니다

추억은 파도의 골무에 들썩이고
지난 계절의 낙엽이
색채도 없이
또 바람에 휘날립니다

무정한 이랑은
여명의 줄기도
편히 보내지 않고
무의미한 별들만
한껏 가리웁니다

다시 그때의 계절이 오면
나뭇잎 떨어진 기억 위로
그리움이 돋습니다

노을

나의 어린 시절은
우두커니 서
돌릴 수 없는
시곗바늘을 지났습니다

저무는 해가
잠시 지평에 걸리우고
애잔한 회상으로
지난날의 잔상을
저 먼바다에
걸어 봅니다

어렴풋이 남은 길은
벽이 지워지고,
사람이 지워지고,
풀과 나무, 꽃도 지워지고,
노을만이 남았습니다

세상을 노래하는 마음으로

언덕에 올라
그때의
짠 공기를 들이켜면
순수한 동심이
바람에 새겨지는 듯합니다

너무 빠르게 흘러가
무엇도 담지 못한
나의 주머니엔
커버린 빈손이 꽂히고
또, 이국의 향기가 스밉니다

희뿌연 안개가
새벽인 듯 깔리우고
불투명한 괘종시계가
머리를 울립니다

지난날을 그린 울적함이
눈물조차 내지 않음은
색깔 없는 세상을
파아란 방울로
물들일 수 없음입니다

오늘의 노을은

그 내음새만 다를 뿐,

그날의 저묾과

또, 같게만 떨어집니다

세상을 노래하는 마음으로

배

일렁이는 파도는
지난 곳의 추억 같아
슬픈 바람 불 때마다
만조로 차올라
철썩철썩 때리운다

파아란 하늘은
그리움으로 넘어가고
기운 초승은
다 차지 못해
별빛만 뚜욱뚜욱…

외로운 사공은
손님도 없어
물결 이는 적막 위를
별빛 한 조각, 달빛 한 조각
침묵으로 옮기운다

나의 길

한 걸음에 추억,
한 걸음에 기억,
또,
한 걸음에 잠식

기억을 걷는다는 것은
나에겐 고된 일

감은 눈도
그리움에 못 이겨
어둠에 치켜뜨고
회고와 회상은
별조차 밀어내는데
눈동자만 빛나
잠 못 이룬다

그리운 것들은 새벽으로
새벽은 다시 추억으로

공도는 나의 밤은
시작이 어디인지,
끝이 어디인지조차
알 수 없다

그렇게
기운 달은 아침으로
기운 태양은 저녁으로
하릴없이 옮겨만 가는데
발자국만 무성한
나의 걸음은
그림자만 담을 뿐,
의미를 담지 못한다

한 걸음에 추억,
한 걸음에 기억,
또,
한 걸음에 보고픔

추억을 거닌다는 것은
나에겐 고단한 일

꽃피우길 기다리는
지난 나의 자취에
의미 없는 시 한 줄 뿌리우고,
다시 새벽이 올 때까지
그리움으로 걷는 길

나의 길
무의미에 밤을 담는
내가 걷는 길

세상을 노래하는 마음으로

파도 3

파도가 또 일렁인다
짓궂은 파도가
바다의 살결 어린다
이랑을 넘나드는 그리움은
바다조차 담을 수 없어
파도로 추억을
넣었다, 뺐었다…

파도가 또 일렁인다
넘실대는 기억이
바다의 주름을 기어다닌다
고랑을 드나드는 보고픔이
바다조차 차고 넘쳐
파도로 추억을
넣었다, 뺐었다…

나의 시선

같은 것을 보지만
엇갈린 시선은
다른 풍경을 담는구나

같은 하늘에 걸린
해와 달이라고
같은 것을 비추진 않는다

빼곡히 담긴
눈동자 맞은편엔
듬성듬성 자라난
추억이 담기고
보낸 바람 맞은편엔
오는 바람 맞는구나

나의 시선이란 이런 것
보내는 한편,
그리워져 받는 것

세상을 노래하는 마음으로

바라보는 한편,
보고파 돌아서는 것

나의 시선은
낮의 달,
새벽의 태양

차이

청명한 하늘 아래
제각각의 색깔들
하나하나 다른 빛을 걸치는데,
검정색 하나의 나는
유유자적 흘러가는
하이얀 구름만 올려다본다

무엇이 바빠
분주히 움직이는
표정 없는 이들은
저 구름마저 보낼까

회색 건물들은
향기도 없어
낯선 이들의 향수에 물들어 가고,
이내 남겨진 고독의 시간
지식되고, 침식되고, 또,
침전되어

세상을 노래하는 마음으로

고요해져 간다

다름이 신기한 시선은
내 눈에 담긴,
흘러온 저곳의 구름을
올려다보는 것과 같을 뿐이다

황혼에서 샐녘으로

그대 그리는 이 밤
잿빛 하늘은
태양과 함께 죽었다
한 방울 피도 흘리지 않고
한낮은 넘어갔다
그럼에도 하늘은
나의 그리움을 훔쳤나
보고픔이 하나하나
어둠과 적막에 자리하고
나의 마음 대신 빛나준다
그럼에도 나의 마음이란 건
흠뻑 적셔질 수 없었나
작은 빛들 사이 하나하나
보고픈 이들의 얼굴,
이름,
그림자,
그리고 뒷모습까지
아낌없이, 남김없이 담는다

세상을 노래하는 마음으로

죽어버린 태양은

나의 아침을 동행하지 않아

긴 밤만 이어지는 그리운 날

일련의 기억이 고개 들고

창백한 바람이 어두움 긁어댄다

그럼에도 미어진 마음은

한 치도 도저해지지 않아

그리움의 잔상 한 올 한 올

시린 마음이 오연하면

재색의 여명이라도

나의 아침으로 올까

시골

무심히 보냈던
태양 뒤로
무심히 찾아온
어둠의 시간

보이는 것이라곤
달과 별,
그리고 바쁜 도시의 불빛
한가한 시골은
의미를 잃은 듯
이른 저녁에도
적막에 잠겼다

목가의 끝자락에서
무의미를 찾아 떠난
자녀들은
이 밤에 발 돌리지 않아
그리움 숨기려

세상을 노래하는 마음으로

더 일찍 어둠 끌어 내렸다

노모의 주름진 손은
이젠 힘이 없어
별을 잡지 못하고,
노부의 구부러진 허리는
이젠 너무 쇠약해
달빛 보지 못한다

한적한 시골길은
의미를 잃었다
도시의 불빛으로 달려든
젊은 불나방에 실려져
활활 타버렸다

또 밤이 오면
늙은 부부는
애탄 그리움만
목마르게 삼킨다

꽃

피어난 꽃이 고개 숙임은
청명한 하늘에 태양이 걸렸음입니다
나의 누울 곳을 내어주고
남겨진 이들을 돌아보니
모두가 하나같이 꽃들입니다

오랜 친구와 해가 떨어지길 기다리며
술 한잔을 나누고,
다시 꽃밭을 바라보노라면
뿌리 내린 들판이
나의 동산이 아니기에
서글픈 달빛이
처량한 꽃잎을 스칩니다

어두운 골목을 지나
촛불에 모여든 이들은
모두 꽃 한 송이를 가슴에 달았습니다

세상을 노래하는 마음으로

아침이 오기 전에

비옥하지 못한 땅 위로

또 한 송이 꽃을 심으러 갈 시간입니다

밤과 눈물

지는 해조차 두려워함이
얼마나 흘렀는지 모릅니다
어둠이 세상을 잠식해도
해와 달은 나의 꿈처럼 빛나는데
나의 길 또한 침전하는 어둠에 삼켜져
걷는 걸음의 발끝조차 헤아릴 수 없습니다

석양에 내몰리는 빛을 두려워하는 것은
나의 처량한 그림자가
밤의 어둠에 동화됨이 아닙니다
그저 아침이 희망처럼 다가와도
여명의 빛이 사람들의 색채를 채우지 못함입니다

별이 하나 떨어지면
함께하지 못한 이를 그리워하며
눈물 한 방울 흘리고,
낙엽이 하나 떨어지면
떠나보낸 이를 추억하며

다시 눈물 한 방울 흘립니다

아직은 먼 곳을 부유하는 나의 이상들이
봄처럼 다가와
꽃잎 한 송이 떨어지면
이 밤을 수놓을 은하수를 기억하며
오랜 눈물 한 방울을 떨어뜨리겠습니다

길

나의 길은 바람
어디에서 시작해
어디에서 끝이 나는지
알지도 못한다

그저 하루의 구름을 쫓고,
달을 따라 걷고,
그림자처럼 져갈 뿐…

나의 걸음은 바람
어디에서 출발해
어디에서 멈추는지
알지도 못한다

그저 오늘의 햇살을 보고,
별을 따라 웃고,
황혼처럼 쉬어갈 뿐…

세상을 노래하는 마음으로

그곳

힘이 들 때마다
그곳을 떠올립니다

별이 떠오르면
항상 그립습니다

이곳의 나는
지는 해조차도 아쉬워하며
오래된 그곳을
항상 그리워합니다

나의 매일이
고통에서 추억으로의 승화이고,
나의 일상이
상처에서 그리움으로의 순화입니다

그림자

떨리는 별조차
무거운 밤
이불 속에 움츠려
머나먼 태양을
그리는 밤

이 어둠은
그대의 그림자마저
가리기에
저는 견딜 수 없는
외로움과 고독함에
작은 손바닥으로
달마저 가립니다

가녀린 등불은
시린 겨울바람
떼어 옮길 발도 없이
자꾸만 그밸 그리게 합니다

이슬처럼 날아가 버린
그대의 먼 향기 때문에
이 무서운 밤을
저는 견뎌낼 수가 없습니다

그대 그림자 서 있는
아침이 다가오면
어린 저의 마음은
얕은 동의 빛을 마주 잡고
그에게 걸어가겠습니다

보고픔

떠올릴 수밖에 없는
그대를 한참 동안 그리워하느라
나의 지난밤은 유난히 길었습니다

이 작은 마음 달래려
별을 세어보고,
달을 어루만져 보고,
먼바다의 소리를 되새겼습니다

잔상으로 남은 그대 미소 그리며
거닐던 길가엔
옅은 발자국이 밤하늘 담고,
이젠 추억이 어린 자리 위로
햇살이 눕습니다

꼬박 지샌 밤을
보고픔으로 가득 채워도
아침이 오면

세상을 노래하는 마음으로

달아나 버린 졸음처럼
별 같은 그대도 옅어집니다

그렇게 아침이 오면
다시 달이 뜰 때까지
그대를 구름처럼 그려봅니다

나의 하루는
해와 달이 이어지는
모든 순간 동안
그저 당신을 향한
보고픔으로 가득 채워집니다

하루

나의 하루는
무엇을 위해
돌아가는 것입니까

무의미의 반복은
불어오는 바람조차
흔들 꽃잎이 없게 합니다

별들조차 뜻도 없이
차갑게만 빛나고
태양 또한 담은 바 없이
서글프게 빛납니다

나의 매일은
무엇을 쫓아
흘러가는 것입니까

흐르는 물은

제 갈 길도 모르고
밀려온 물살에 밀려갑니다

목적도 없이
아침과 밤은
자꾸만 찾아오고
그림자만
길어졌다, 짧아집니다

나의 걸음은
무엇을 찾아
헤매는 것입니까

의미 없는 고단함에
근본적인 슬픔이 없어
지쳐가는 몸뚱이에
눈물조차 흘릴 수 없는 밤입니다

비

끝없이 비가 내립니다
비가 내려
보고픈 내 마음 같은 별과
그리운 그대 같은 달이
쏟아져 바다를 이루었으면 좋겠습니다

끝없이 비가 내립니다
비가 내려
그리던 내 이상 같은 바람과
꿈꾸던 내일 같은 꽃잎이
함께 흩날려 나를 이루었으면 좋겠습니다

세상을 노래하는 마음으로

2부
마음에 내려앉은 그림자

상실과 고독, 침묵 속에서 만나는 내 안의 노래

삶은 때때로 짙은 그림자를 드리웁니다.
어떤 날은 외롭고, 어떤 밤은 길기만 합니다.
시간의 침전 같은 별들이 밤하늘을 수놓습니다.
내 안의 감정들이 한 음질이 되어 울리기를….
이 부의 시들은 그러한 시간 속에서도 꺼지지 않는 내면의 울림을 담았습니다.

밤비

오늘 밤엔
비가 내린다
추적이는 빗소리에
달이 운다

빗방울 사이사이로
별빛이 졌다, 깨어난다

오늘을 무엇으로 위로하나

걷지 못하는 달빛은
언제나 동행하는데
젖은 대지 위에
내 걸을 길 잠식되어 간다

하늘처럼 어두워진 마음도
밤비처럼 추적이면
저 달처럼

조금은 빛이 날까

같은 밤

달콤함은
짧은 날의 바람처럼
선선한 달빛을
스쳐 지나간다

뜬눈으로 만끽하는
이 밤의 아름다움을
별로 수놓고
빛의 사이사이로
우리의 눈동자가
추억을 수놓는다

유난히 길던
저곳의 밤이 지날 때
우리의 이야기가 울리는
이곳의 밤은
너무나 짧게 지난다

세상을 노래하는 마음으로

어깨너머로 하나, 둘 올라오는
그리운 사람들의 이름들이
차마 잡을 수 없이 길어져
밤을 밝히는 하늘을 가리우면
어느새 아침 해가
그 머리를 들이민다

그리움이 머물던
지난밤처럼
나의 기쁨도
짧게 지나갔다

다시 몰려오는
슬픔과 분노,
허무함, 무기력,
또, 암울함
모든 어두운 단어들이
별 옆에 놓여진다

같은 밤,
같은 날
기쁨은 짧게 남고,

모든 고통은 길게 놓였다

세상을 노래하는 마음으로

춤

구불구불
거리가 춤을 춘다
힘겨움에 못 이겨
마음을 떨어뜨리니
추억처럼
골목골목 춤을 춘다

먼 곳에 떨어진 눈물은
바다가 되어 일렁이고
먼 곳에 뱉은 한숨은
구름이 되어 흘러간다

짠 내음 뒤섞인
일렁이는 거리 위를
나는 추억처럼 춤추며
걸어가 본다

비행을 기다리며

이국땅의 공기가 스민 공항
낯선 향기가 소매 깃 타고 올라와
벌써부터 어머니는 어린아이가 되었다
파아란 하늘빛이 어느샌가 떨어져
아버지의 낡은 신발을 촉촉하게 적신다

어린 날에 남겨 둔 발도 없는 꿈들은
아직까지 타국 만 리에서 이리저리 돌아다니는데
정작 닳아진 것은 현실에 갇혀 지냈던
부모님의 신발이었다

설렘을 가득 안은 양손엔
무거운 캐리어가 가볍게 끌리고,
전날 밤, 다 차지 못한 초승 사이로
빛나던 별들이 함께 실려와
낯선 곳의 밤하늘을 추억처럼 채우려 한다

이곳의 구름을 올려다봄은

세상을 노래하는 마음으로

이곳의 기대가
그곳까지 이어지길 바라는 마음이다

같은 하늘 아래
무엇이 그렇게도 급했는지
유유자적 흘러가는 저 바람이 살결 스칠 때
아름다운 곳들에서 피어난
봄꽃 한 송이 보지 못하고 살아왔나

같은 하늘 아래
무엇이 그렇게도 불안했는지
살랑살랑 흔들리는 저 햇빛이 머리맡으로 지날 때
그려왔던 곳들에서 깨어난
겨울 눈꽃 한 송이 보지 못하고 지나왔나

설레는 모든 걸음은
한 곡의 노래가 되어 울리고
무성한 걸음걸음마다 시 한 줄 뿌리우면
추억을 담을 옅은 발자국이
붕 뜬 기대처럼
청명한 상공으로 비행한다

해변

일렁이는 파도가
다시 내 마음에 닿으면
진한 향기 배인 달이
둥글게 맺힙니다

그날 밤에 쓰여진
짧은 시는 잊었어도,
그때에 떨어진 기억은
여전히 제 걸음에 남았습니다

지우지 못하는
모래사장의 알갱이가
여전히 옷에 남은 듯
그날의 밤하늘을 그립니다

지금의 고통이
밤만 되면 부유하여
추억의 바다를

세상을 노래하는 마음으로

떠올릴 수밖에 없음은
좋은 기억에
이날의 아픔이 침전될까
기대하는 마음 때문입니다

에인 하루의 끝에서
오랜 날을 돌아보며
내일의 아침을
다시 기대합니다

꿈

강렬한 햇살 내리쬐던 그곳엔
아직 꿈을 꾸는 내가 남아 있습니다
모래사장 알갱이 빛나고,
그 위로 발자국 찍으며
하릴없이 거닐던 두 발은
목적지가 너무 많아
그저 노을 지는 해변을 거닐며
붉은 바다 위로
저의 이상을 몇 방울
뒤섞기 위함입니다

식어가는 지금의 꿈들을 다시 잡기 위해
바람이 나뭇잎 스치면
저는 이곳에서 파도 소리를 듣고,
해가 떠오르면
눈을 감고 길을 거닐고,
달이 뜨면
그때의 달 아래서와 같이

세상을 노래하는 마음으로

눈을 감은 채 시를 한 줄 적어봅니다

항해

슬픈 초승을 탄
밤의 항해는
저의 매일입니다

별빛 한 조각 아쉬운
방황하는 뱃머리가
오늘의 바람에
자꾸만 요동칩니다

저의 마음은
깊은 밤하늘 중
어디에 부유하는지도 모른 채
그리운 날들에 써 내린
빛바랜 편지만 가득합니다

시린 바람에도
돛을 내리지 못함은
그리웠던 나날들이

세상을 노래하는 마음으로

자꾸만 가까워질까 하는

저의 기대 때문입니다

제자리

떨어지는 빗방울도
조용히 제자리로 돌아가고
마음 같은 물과 구름이
슬며시 흘러간다

제 갈 길 모르던
어제의 나도
다시 제자리로 돌아올까

방황하는 걸음만
달빛처럼 일렁인다

세상을 노래하는 마음으로

아이스크림

강렬한 햇빛이 내려앉으면
하이얀 연기 내뿜으며
너는 또 사르르 여름을 떨게 한다

청명한 소리가 울려 손을 스치고
다시 파아란 파도가 일렁이면
너는 또 스르르 여름을 흔든다

집

밤을 다 지새우고도
별을 세지 못하는 것은
우리의 이야기들이
하나하나 말풍선 구름 되어
하늘을 가리우기 때문입니다

우리의 웃음은 여전히 그곳에 남았고
햇살보다 따뜻한 온기로
함께했던 자리를 감싸우고 있습니다

한순간도 함께함을 잊은 적 없었고
그때의 이야기들이
소리도 잃어버린 채 과거를 떠다녀도
추억의 별빛 하나하나가
흐릿한 구름 뒤에서 아직도 살아 있습니다

세상을 노래하는 마음으로

낙하

낙엽 하나가
스르르 떨어진다

그 작은 손바닥으로
태양을 가릴 수 있을 것처럼,
그 작은 손바닥으로
대지를 가를 수 있을 것처럼

작게 이는 바람에도
몸 둘 바 몰라
이리저리 흔들리는
어리석은 낙엽 하나가
평생을 비행할 수 있을 것처럼
천천히 낙하한다

제 갈 길도 모르는 낙엽 하나가
이름도 없는 얼굴 하나 담고서
서서히 떨어져 간다

별

이 밤에 홀로 서
하늘을 우러른다
셀 수 없는 별들은
나의 마음과 같아
달 옆에 쪼그린 채
조용히 빛을 낸다

혹여나 구름 한 점
이 마음 가릴까
조마조마한 가슴은
너의 눈동자를
스치지 못하고
혹여나 바람 한 결
이 마음 흔들까
불안한 근심은
너의 손등조차
스치지 못한다

세상을 노래하는 마음으로

가련한 밤은

언제나 가을 낙엽처럼

시린 별빛은

언제나 겨울 눈꽃처럼

항구

부딪혀 온다
추억이, 기억이
철석이며 다가온다

배곯은 이리떼가 울듯
사정없이 과거의 추억들이
항구를 때리우면
멀찍이 떨어진
나의 두 발도 젖고 만다

하늘 같은 바다에
구름이 흐르면
돌멩이 하나 던져보고,
해와 달이 매이면
미끼 없는 낚싯대를 던져본다

시간이 흘러
가까워지는 저 배는

세상을 노래하는 마음으로

나의 어떤 기억들을 신고 올까

그리움

그리움은 한낱 허무
하늘이 지고 뜨는 모든 순간에
그 옆에 그려왔던
나의 모든 그리움은 어디로 갔나

계절은 지나도
다시 돌아오는데
나의 진 꽃은
다시 피어나지 않는다

얼마나 그리워했는지조차 잊어
무엇을 그리워했는지조차 나는 잃었다

공허는 나의 그리움
모든 것들이 뜨고 지는 하늘에
수없이 놓아보았던
빛바랜 나의 그리운 별들만

세상을 노래하는 마음으로

홀로

바람조차 길 위를 지나지 않고
구름마저 빛을 가리운다

무엇을 바라 우는 새인지 모르고
무엇을 쫓아 기우는 하늘인지도 모른다

세상은 넓다는데
나의 걸음엔
위로해 주는 이 하나 없이
넓은 대지 위로 떨어지는
처량한 나뭇잎만이
색깔 변해간다

쓸쓸한 눈사람은
오는 봄 따스함 느끼지 못하고
눈물만 흘리운다

장마

내리는 빗속에 서서
하염없이 기다리기만 합니다
제 길 따라 흐르는 물들이
나의 답답함 씻겨줄까

이미 나의 두 다리는 젖은 지 오래입니다
하나의 마음이 가득 차
이젠 제 몸이 적셔질 곳도 없는데
무엇을 씻어내려
저는 여전히 먹구름 아래 섰나요

저 구름은 나의 분노 같아
하늘 너머의 어떤 빛도
땅에 닿지 못하게 합니다

이렇게 나의 세상 또한 답답해집니다

머지않아 구름 사이로

세상을 노래하는 마음으로

별빛 한 줄기 새어 나오면
흠뻑 젖은 채
기쁜 마음으로 고개 들고
저의 마음도 씻어내겠습니다

기대

이슬 어린 꽃잎을 기억하기에
아침을 기다리며
여명의 어둠에 서서
다가오는 빛살에
두 다리를 적십니다

별빛 어린 어둠을 기억하기에
밤을 기다리며
노을의 잿빛에 서서
길어지는 그림자에
두 다리를 축입니다

나의 기다림은
언제나 짧은 고통 속에 서지만
기나긴 아름다움을 추억하기에
시련 속에 꽃 피울 봄을
당신처럼 기다립니다

세상을 노래하는 마음으로

벌써

벌써 지나가 버린 물결을
애써 잡으려 손 뻗습니다
파도에 실린 추억이
지평선 너머로 달아날까,
너울에 얹힌 추억이
기억에서 멀어질까
어제 같은 날들에 손 뻗습니다

지나감 이후의 내 주변은
온통 그리움뿐이라서
멀어져 가는 시간도 모른 채
눈동자는 여전히
일렁이는 파도의 표면만 어루만집니다

바쁜 하루

이제 비는 그쳤습니다
젖은 대지는
광명에 휩싸여 말라가고
날아가는 수증기보다
더욱 빠른 걸음만
땅 위에 흔적을 남깁니다

되돌릴 수 없는 것들에 쫓겨
달려 나간 지가
얼마나 오래 지났는지도 모릅니다

길 위의 모든 풍경이
빠르게 뒤로 밀려가고
또 다른 계절이 옵니다

발아래 밟힌 낙엽이
가루로 흩날리면
어느새 두 발은 눈에 감싸집니다

한 달이 하루처럼 지나고,
해와 달이 뜨고 지는지조차 잊어도
나의 목적지는 멀기만 합니다

그리운 이들

보고 싶은 얼굴이 많습니다
이 밤을 수놓은 별들보다
더 많은 눈동자들이 빛나
달빛조차 헤아릴 수 없는 밤입니다

담벼락 너머의
길 잃은 개 한 마리가
밤을 향해 짖는 것은
저 눈동자들 사이에
보고 싶은 별 하나
놓여 있음입니다

땅의 끝에서
일렁이는 한 줄 파도가
해변을 향해 부서지는 것은
저 알갱이들 사이에
닿고 싶은 조개껍질
놓여 있음입니다

세상을 노래하는 마음으로

듣고 싶은 목소리가 많습니다
이 하늘을 흐르는 바람보다
더 많은 손길들이 불어와
한 줄 여명조차 헤아릴 수 없는 날입니다

짧은 하루

짧은 하루를 붙잡기 위해
노를 저어 나아갑니다

나의 배엔
돛이 없어
밀려오는 물살에
자꾸만 뒤로 흘러가고
모든 곳이 길인데,
하늘엔 태양도, 달도, 별도 없어
망망대해엔
나아갈 길조차 알 수 없습니다

바람이 불어오면 무엇합니까?
나의 배는 더디고,
오늘만 더 빠르게 밀어가는 것을

이 바다엔 정박할 섬도 없어
나의 모든 항해는

세상을 노래하는 마음으로

표류가 됩니다

짧은 나날을 보낸다는 것은
너무도 서글픈 일입니다

찢겨진 그물엔
무엇도 담을 수 없어
시간도 더 쉽게 떠 가버리나 봅니다

지친 하루

무의미 속의 의미는 무엇일까
걱정의 골이 너무나 깊어져
잊어버린 나의 걱정들과 같을까
공도는 하루는 끝없이 굴러만 가는데
달빛 조금 서리면
무엇이 기뻐 걸음을 재촉할까

가만히 서 있어도 흐르는 시간은
봄 향기 진한 바람에
나의 근심 숨겨 흐르는데
무엇을 찾아 나는 헤매나

이젠 모두 잊어버리고
나의 걸음을 떼고 싶다
음악이 흐르는 이국의 풍경에 서서
노을에 내 그림자 그리고,
달빛에 내 길을 비추고 싶다

세상을 노래하는 마음으로

지쳐가는 하루는

해와 달과 별 같아

기울어져 사라지고

의미 없는 하루의 하늘빛만이

자꾸만 바뀌어 간다

봄비

잊을 수 없음은
마음 구석에 남았던
그리움들이
봄이 와 흔들리는 꽃 되고,
별들이
밤이 와 흔들리는 빛 내어
그날의 거리와 사람과 걸음을,
그날의 향기와 소리와 아련함을
눈앞으로 끌어옴이리라

다시 시작된 고통의 나날과
다시 갇혀버린 침묵의 공간에
봄이 깃들고 별이 수놓이길
간절하게 바라는 마음이
깊숙한 곳에 떨어져 잊혀졌던
평범한 그날들을
빛처럼 쏟아져 내려
잊을 수 없는 날들이

세상을 노래하는 마음으로

봄비가 된 것이리라

빵

부드러운 향기처럼,
부드러운 모습처럼
퍼지고, 부푸는 추억들

이곳의 길들은 많은데
그곳의 외길이 더 그리운 날

뜨는 태양조차 믿지 못해
고개 숙인 채 그림자에 발 맞추고,
흐르는 구름조차 서운해
등 돌린 채 바람에 걸음 맞출 때

그곳의 부드러움이 더욱 그립다
그곳의 부드러움이 더욱 진하게 퍼진다

세상을 노래하는 마음으로

교차

한껏 내딛는 걸음에 의미가 있을까
걷다 보면 길은 갈라져
나의 마음처럼 쏟아지는 것을

걷다 보면 스치는 풍경에 뜻이 있을까
지나는 가로수 흩어져
나의 마음처럼 흐느끼는 것을

밤이 되면 쏟아지는 달빛에 기쁨이 있을까
수많은 별빛 가리워
나의 마음처럼 희미해지는 것을

밤

나는 또 무엇을 그리며 이 밤을 붙드는가
노을이 주황빛, 지평 너머로 끌어내린 지 오래인데
어디에 밝은 빛이 있어 하늘만 우러러보는가

그리움에 사무친 마음도 낙엽에 덮이고
보고픈 추억 모두 흐릿한 별빛인데
어떤 잔상을 담으려 저 달만 응시하는가

저는 이제 그리움이 무엇인지조차도 잊었습니다
보고픔을 잊고, 봄에 피는 꽃과 지저귀는 새들의 노래
도 잊고, 타인을 사랑하는 방법도 잊고,
이 길 위의 얼굴 모르는 사람과 함께 걷는 걸음을 영
영 잃었습니다
더러운 것을 덮는 눈도 저리 하얀데,
더러운 이들을 덮는 저는 점점 어두워져 갑니다
하루가 길어, 모진 말과 행동들도 많아지는데
인생은 짧아 그들을 안는 법을 저는 알지 못합니다
저의 길이 이렇다면 어찌 밤하늘에 핀 꽃들에게 눈물

세상을 노래하는 마음으로

흘리지 않을 수 있겠습니까

지난 과거 속 희미한 추억을 그리는 법을 잊고,
오는 내일 속 희미한 기쁨을 반기는 법도 잊은 채
저는 또, 고독과 괴로움으로 가득 찬 긴긴밤에 잠식되
어 갑니다

거짓말

지워지지 않는 마음 숨기려
거짓말을 내뱉습니다

그리움은 이미 바다가 되어
더 이상 흐를 곳도 없이
앞뒤로 흔들리는데
감출 수 없는 마음은 파도가 되어
자꾸만 그대 걸음 찍혔던
해변을 기웃거립니다

보고픈 마음 숨기려
거짓말을 내뱉습니다

간절함은 이미 하늘이 되어
더 이상 오를 곳도 없이
고요히 멈춰 있는데
감출 수 없는 생각은 구름이 되어
자꾸만 그대 서 있는 곳으로

세상을 노래하는 마음으로

이슬비를 내립니다

3부

다시, 빛을 그리며

사색, 치유 그리고 다시 피어나는 희망의 노래

어둠은 지나가고, 삶은 다시 빛을 향해 나아갑니다.
여전히 세상은 어렵고 고단하지만,
그 안에서 작게 피어나는 기적 같은 순간들이 있습니다.
작은 기적이 음악처럼 당신에게 닿기를….
이 부의 시들은 다시 걷는 길 위에 놓인 작고 선명한 희망의 언어들입니다.

눈물

바람이 붉은 대기 스치우면
나는 또 슬퍼져 눈물 흘리운다

땅 위엔 반점 같은 사람들이
그림자처럼 흘러가는데
온통 섞이지 않는 색뿐이다

별빛이 시린 황혼 스치우면
나는 또 슬퍼져 눈물 흘리운다

이곳저곳엔 낙엽 같은 사람 휘날리고
새싹 옆에 가지런히 쌓이는데
온통 거름 되어주지 못한다

다시 아침이 파도처럼 밀려오면
세상은 끝도 없는 바다가 되고
굶주린 물고기들이 배회하면
나는 달처럼 모두를 비추지 못해

세상을 노래하는 마음으로

또 슬퍼져 눈물 흘리우고,
나는 구름처럼 모두에게 그늘을 주지 못해
또 슬퍼져 눈물 흘리운다

담벼락이 높아 누구도 보지 못하는 사람들은
제 그림자에 놀라고
담벼락이 높아 누구도 보지 못하는 나는
다시 슬퍼져 눈물을 훔치운다

나의 별

붙들 곳 하나 없는
외로운 밤이 넘실대면
가련한 나의 별은
처량한 나뭇가지에 걸립니다

밤의 여백은 넓지만
깊어진 그리움은 어두워
나의 별 옆으로
그대 그릴 수조차 없습니다

겹겹이 접은 그대 이름을
저 하늘에 부르는 것은
침묵의 밤은
나의 깊은 마음 알까입니다

하늘 결 스친 바람은
다시 내 살결 스치고
보고픈 마음의 조각으로

세상을 노래하는 마음으로

나의 별을 스칩니다

여름

여름이 출렁인다
보고픈 내 맘 알아서일까
강렬한 햇빛이
대지를 울렁이게 한다

춤추는 길은 신이 났는데
그 위에서 걸음 옮기는 나는
동떨어진 마음으로
그림자 남기며 나아간다

그늘 하나 없는 길 위에
멍하니 그대 떠올리면
어느샌가 외로운 풀벌레들이
나의 그림자로 들어온다

태양이 만든 쓰러진 나는
아쉬운 마음처럼 어둡고,
곪은 마음처럼 벌레가 모이고,

세상을 노래하는 마음으로

전하지 못한 말처럼 길게 놓여 있다

바람이 불었으면 좋겠다
부르지 못할 이름이라면
차라리 목을 축이지 않고
바람에 내 마음 담을 수 있도록

여름 2

슬픔을 삼킨 여름마저 부르르 떠는 밤입니다
피치 못할 슬픔을 거닐면
여름마저 부르르 떠는 밤입니다

가을 낙엽은 서서히 다가오는데
지난 봄꽃 진 자리에 떨어진 꽃잎이
여전히 미련처럼 남아
여름밤은 슬픔으로 가득합니다

잘 지내냐는 안부 한마디 전하고 싶어
뜨거운 대지 위로 눈물 같은 비를 뿌리우고
다시 슬픔으로 걷는 길 위로
여름마저 부르르 떠는 밤입니다

세상을 노래하는 마음으로

생략

차마 다 담을 수 없어
남겨뒀던 나의 하루에
희미한 너를 담는다

차마 다 버릴 수 없어
지나갔던 어제의 너에게
선명한 나를 담는다

읽지 못해 넘겨버린
한 장의 너에게
나는 떨어졌구나

듣지 못해 넘겨버린
한 곡의 너에게
나는 잊혀가는구나

보고 싶은 사람들

부르고 싶은 이름들이 별처럼 많아
방황할 수밖에 없는 입을 대신해
방향도 잡지 못하는 두 다리가
어지럽게 발자국 찍어댑니다

아직까지도 웃음소리 맴돌고,
미소가 하늘처럼 그려지고,
짧은 스침들이 바람 같습니다

어린 나의 용기는
무엇조차 건네지 못하고
깊은 마음의 바다에
침몰했습니다

언제나 붙잡지 못함을 후회하지만
새로운 인연은
봄꽃처럼 짧게 피우고
계절처럼 지나갑니다

세상을 노래하는 마음으로

보고 싶은 얼굴들이 강처럼 흘러

방황할 수밖에 없는 마음을 대신해

아무것도 어루만질 수 없는 두 손이

무질서하게 허공을 매만집니다

반항

지나쳐진 것만큼의 부조리
세상을 이해하려 애썼던 나의 손자국만큼
한 뼘, 한 뼘 간극만 벌어진다

이해할 수 없는 책임을 짊어지고
나는 또 별이 빛나는 하늘 아래를 걷는다

고독이 요동쳐도 침묵하는 세상에
나는 무엇을 그리며 살아왔나

긴 걸음은 달빛 담은 발자국뿐인데
여전히 소리 없는 세상은 무미만 채울 뿐이다

기다림이 나의 걸음처럼 길어져
가야 할 곳은 흐려지고
적요의 세상 또한 하루처럼 긴 그림자 늘어뜨리면
떨어지는 비와 낙엽, 그리고 별과 함께
나의 사색 또한 멈추는 시간

세상을 노래하는 마음으로

더 이상 희생의 핏물은
꽃 한 송이 피우지 못하는데
무엇을 위해 나는 하늘을 우러르나

고요와 적막이 가득한 대기에
날 위해 목 놓는 이 하나 없다

밤이 갈 즈음에
나는 해를 끌어 올린다

사계

나의 계절은 망설임입니다
봄이 와 꽃가루 흩날리면
꽃 같은 이 마음
함께 흩날릴 수 없고,
여름이 와 장마가 쏟아지면
뙤약볕 같은 이 마음
함께 흘려보낼 수 없고,
가을이 와 낙엽이 물들면
타오르는 이 마음
함께 떨어뜨릴 수 없고,
겨울이 와 눈송이 쌓여가면
백옥 같은 이 마음
함께 둘 수 없습니다

뜨고 지는 해와 달 따라
넘쳐나는 마음 넘실대면
지나간 계절도
나의 마음 담을 자리 남긴 채

세상을 노래하는 마음으로

다시 오길 기다립니다

밤하늘

보고픈 마음 못 이겨
달이 차오릅니다
차는 만큼 아픔도 커져
달은 또 기웁니다

긴 장마도 끝이 났는데
전하지 못한 말들은
여전히 별이 되어 빛납니다

지우지 못할 마음 감추려
아침이 밝아도
그리움이 젖어 밤이 되면
밤하늘은 다시 펼치웁니다

그대가 올려다볼 하늘이
나의 마음과 다르다는 것을 알지만
어린 나의 사랑은
이렇게밖에 전할 수 없어

세상을 노래하는 마음으로

닿지 않는 밤하늘을
손가락으로 그려봅니다

소망

닿을 수 없는 달을 우러르는 것은
세상에 대한 나의 기대입니다

작은 소망들을 하나, 둘 던져보아도
떨어지는 노을과 함께
파도치는 대양으로 침전합니다

작은 것들이 쌓이고 쌓여
바다를 밀어낼 것처럼
나의 희망은 여전히 남아 있습니다

비록 시린 겨울에
나의 마음이 떨어져도
봄이 와 꽃이 피듯
그날이 와 이루어지길
여전히 소망합니다

세상을 노래하는 마음으로

하루 2

짧은 하루가 또 흘러갑니다
모든 작고, 짧은 것들이
오늘과 함께 꺼져갑니다
지나는 게 아쉬운 저는
닿지 않는 것에
손을 뻗어 달리는 것이 전부입니다
전하지 못한 것들은
별이 되어 걸리고
보고픈 것들은
달이 되어 걸립니다

제가 밤하늘을 사랑하는 이유는
모든 아쉬움과 보고픔들이 남아 있기 때문입니다

나의 짧은 하루가 또 지나갑니다

기적

떨어지는 찰나의 별을
눈에 담았달까,
예고 없는 소나기에
메마른 마음 적셨달까

사소함을 추억할 수 있는
나의 하루에
사색의 밤이 찾아온 것처럼

세상을 노래하는 마음으로

순간

올려다본 밤하늘 아래
우린 작은 티끌일 뿐인데
무엇을 눈에 담은 채
아쉬움 별 옆에 놓아두고
찬바람 어깨 위에 기대설까

지나치는 추억 아래
우린 작은 조각일 뿐인데
어떤 별의 꼬리를 흘려보낸 채
너를 미워하며 살아왔을까

빛과 어둠이 이어지는 여명의 찰나에
너를 떠올릴 수 있다면
긴긴밤 놓아버린 손끝에도
아침이 찾아오겠지

발자국

한 결 바람 끝에
고요함이 스치웁니다
날려가는 데로 흐르는 걸음이
낯선 향기에 감싸우고
소음이 멀어져 갈 때쯤이면
먼발치 떨어진 나의 마음은
침묵으로,
공허한 침묵으로
그대 그림자를 관망합니다

한 줄기 적요 속에
별의 꼬리가 스치웁니다
시선 따라 흐르던 가슴은
이름 모를 그대 향기 감싸우고
아쉬움 멀어져 갈 때쯤이면
아득한 나의 보고픔은
침묵으로,
지독한 침묵으로

세상을 노래하는 마음으로

그대 발자국 잊어 갑니다

낯선 바람이 스치웁니다
아득한 선율 따라

낯선 별빛 스치웁니다
다시 아득한 선율 따라

연기

달빛 그늘에 꽃잎 하나,
별빛 발밑으로 꽃잎 둘

취한 듯 살랑이는 눈동자 옆으로
그대 그림자 지나칩니다

애써 바라봐도
흔적 없이 흩날리는 겨울 눈꽃처럼
흩뿌려 흩날리는 그대이기에
공허한 한숨으로
멀리 한 걸음,
희뿌연 아쉬움으로
멀리 두 걸음

저의 밤은
아쉬움 진득한 연기처럼
그대 잊는 시간입니다

세상을 노래하는 마음으로

끝

저물어 가는 태양 빛 꼬리를 밟고서
세상의 끝에 안부를 전합니다

흩날린 안녕이라는 말은
그림자조차 빠르게 사라져
돌아보면 아쉬움만 발자국으로,
긴 한숨 같은 발자국으로 남습니다

사랑이 저물어 대지가 붉게 물들면
무엇으로 꽃내음을 기억해
멀어져 가는 과거를 회상할 수 있나요

떠오르는 달빛의 어깨에 기대서
별똥별에 안녕을 전할 뿐입니다

다시, 빛을 그리며

시작

시작의 막연함 앞에 멈춰서
방황하는 나의 모든 걸음은
살랑이며 멈춰 섰던
당신의 모든 꽃잎 그리는 일입니다

바람 한 결에도 멀어질 걸 알지만
바람 따라 걷지 못해
눈동자는 별을 담을 뿐입니다

시작의 공허함 앞에 멈춰서
맴도는 나의 모든 말들은
은은하게 날려왔던
당신의 모든 향기 부르는 일입니다

달빛 한 줌에도 흩어질 걸 알지만
구름처럼 다가가지 못해
입술은 추억을 부를 뿐입니다

세상을 노래하는 마음으로

바람

어둠의 줄기 끝은
새로운 빛이 시작되는 곳

어둠이 잠식한 길 위에도
달빛 한 모금,
별빛 한 모금 바람 불어온다

겨울의 줄기 끝은
새로운 봄이 시작되는 곳

이루어지지 못한
한 송이 꽃잎 끝에
그대란 바람이 불어온다

길 2

바람이 머무르던 곳
이제는 떠나야 하는 길

시작은 어느새 안개 저편으로 사라져
추억만이 희미한 향기로 깔리운다

잊지 못하는 것들은
발자국 위에 남은 아련함이 아닌
별빛 머무르는 길 위이기를

돌이키고픈 것들은
그림자 위로 떨어진 아쉬움이 아닌
달빛 일렁이던 길 위이기를

시작은 어느새 바람 타고 돌아와
추억은 다시 풍경처럼 깔리운다

꽃잎이 흔들리던 곳

세상을 노래하는 마음으로

이제는 떠나는 길 위에서

설로

눈은 근심 없이 내리운다
순백의 세상 위로
차가운 발 한 걸음
너는 무슨 걱정으로 향해 가나

무심한 마음이 살포시 쌓여간다
나는 무엇을 안은 채로
하얀 길을 색칠하나

밤새 근심 없이 눈이 내리운다
버선발로 걷고 걸어
작은 마음을 사랑해야지

시린 발로 걷고 걸어
하이얀 대지를 사랑해야지

세상을 노래하는 마음으로

겨울 나무

겨울 나무엔
온정 어린 손바닥 하나 없이
모두 떠나갔다

벌거벗겨진 나무 옆으로
도시의 가로등 한 줄기

바람이 조금 차가워질 즈음엔
달 한 조각,
별빛 부스러기 몇 조각

그래서 너의 봄이
나는 더 기다려진다

날씨: 비

아픔이 계속되어
슬픔 또한 익숙해지면
추적이는 빗방울은
그대를 흐리게 합니다

보고픔도
돌아보면 바람과 함께
멀리 그대 떠밀어 갑니다

아련함도
돌이키면 파도와 함께
깊이 그대 떠밀려 갑니다

세상을 노래하는 마음으로

구름

구름이 산에 걸렸다

부드럽게 나뭇잎 하나,
고요하게 풀잎 하나
천천히 어루만진다

느린 걸음이 지나는 산길엔
낯선 이의 발걸음 하나 없이
이름 모를 꽃잎만 가득이다

사랑 같은 구름이 지나가면
그래도 햇살이 드리우겠지…

그리움 같은 햇살이 드리우면
그래도 추억이 구름 따라 걸리겠지…

이야기

흐르는 물 안으로 별들이 자리 잡은 밤

전하고 싶었던 많은 말들은
낙하하는 물소리와 함께 가라앉습니다

흐르지 못한 마음들은
떨어진 별자리 옆으로 이야기를 만들 뿐입니다

모든 아쉬움은 이 밤안개 속으로,
모든 아쉬움은 저 먼 은하수 속으로

깊어지는 밤 따라 진해질 추억으로 남기를

물처럼 흘러 그대에게 닿기를

세상을 노래하는 마음으로

나의 겨울, 나의 봄

만개한 꽃잎 사이
피지 못한 한 봉우리는
나의 꽃

여전히 겨울에 머물던,
달빛에 가리운 나의 별이
봄날이 춤추는 무대 속
가장 초라한 가지 위로 놓입니다

나의 봄은 아직 오지 않은 계절이라서
흩날리는 꽃잎 사이로
새하얀 눈송이만을 바라봅니다

'바람아 더 불어라'

나의 체온 감싸안고
나의 봄이 올 때까지

여행

바람이 선지처럼 깔리우면
나의 걸음은 음표를 찍어댑니다

방황하던 발자국, 사랑을 속삭이던 단어들, 슬퍼 흘리
던 눈물방울, 외로워 올려다본 밤하늘, 기뻐 웃음 짓
던 꽃잎들…
가사 한 줄 쓸 수 없지만
노래는 바람 따라 흐릅니다

얼룩 가득한 종이가 나의 악보가 되고,
난잡한 소음이 나의 음률이 되어가면
나의 이야기는 이렇게 가장 긴 노래로 쓰여집니다

세상을 여행하는 마음으로,
세상을 노래하는 마음으로
그렇게 살아갑니다

세상을 그려가는 마음으로,

세상을 노래하는 마음으로

세상을 사랑하는 마음으로

그렇게 살아갑니다

세상을 노래하는 마음으로

초판 1쇄 발행 2025. 9. 26.

지은이 김동훈
펴낸이 김병호
펴낸곳 주식회사 바른북스

편집진행 김재영
디자인 김효나
마케팅 송송이 박수진 박하연

등록 2019년 4월 3일 제2019-000040호
주소 서울시 성동구 연무장5길 9-16, 301호 (성수동2가, 블루스톤타워)
대표전화 070-7857-9719 | **경영지원** 02-3409-9719 | **팩스** 070-7610-9820

•바른북스는 여러분의 다양한 아이디어와 원고 투고를 설레는 마음으로 기다리고 있습니다.

이메일 barunbooks21@naver.com | **원고투고** barunbooks21@naver.com
홈페이지 www.barunbooks.com | **공식 블로그** blog.naver.com/barunbooks7
공식 포스트 post.naver.com/barunbooks7 | **페이스북** facebook.com/barunbooks7

ⓒ 김동훈, 2025
ISBN 979-11-7263-590-9 03810